早稲田教育ブックレット No.22

教育と映画

表紙写真：映画『葬式の名人』 東映ビデオより DVD 発売および配信中。

はじめに

教育に映画を生かす。このような発想や実践は、映画が大衆に普及し始めた二十世紀初頭から既にありました。映画の普及期は公教育が確立し定着していく時期と重なりますから、両者は学校における教育の始まりとともに結びつけられていました。その意味で「教育と映画」とは古くからあるオーソドックスなテーマといってよいでしょう。

そうではありますが、「教育」と「映画」は容易には結びつけられず、互いに排斥し合うような関係にもあります。とりわけ学校で行われる「教育」は、公的で正統な知識や技能を授ける役割を担っています。その一方で、「映画」はサブカルチャーの一つに位置づけられることがあるように、公共性や正統性を拒否し、むしろ個人的で周辺的な事象を捉えようとします。だとすると、「教育と映画」は本質的に交わりえない、あるいは交わらせるべきではない組み合わせなのかもしれません。その意味では「教育と映画」は挑戦的なテーマであるといえるでしょう。

王道であるようで異色の組み合わせともいえる「教育と映画」。誰しも好きな映画の一本や二本はあるでしょう。多くの人が、映画に歓喜し、怒り、涙し、時を忘れて楽しんだ経験があるでしょう。そのとき、映画から何かを私たちは学んでいるのではないか。その学びが果たして学校の学びとどこまで重なり合うのか。教育に映画を引き込むことが、映画本来の持ち味を骨抜きにしてしまわないか。その逆に、映画がもつ娯楽性や猥雑さが教育を混乱させたり、阻害したりすることはないのか。この問題は、近代教育学が提起した、遊びながら学ぶという理念や、教師の指導性と子どもの自発性の関係、アートと教育といったこととも重なる、奥深く、解きがたい難問を孕んでいます。

今回の講演会では、その難問に、映画をこよなく愛する教育哲学者、青少年の健全育成を目指す映画倫理機構で長年審査に携わってこられた方、最新作が公開されたばかりの新進気鋭の映画監督の三名が挑んでくださいました。映画を創る人、映画を審査する人、映画について考える人が一堂に会しての議論は、時に三つ巴になって相互作用しました。映画を創る人は映画を審査する人の判定を受け、映画を審査する人がいう「教育的」の意味は映画を考える人から検討され、映画について考える人は映画を創る人から制作現場の実際をつきつけられる、という具合に。

映画を使った授業の実践についても掲載されています。映画についてどう教材化し、授業を構成するか。それを実践することにより、どのような成果が期待されるか。そのような実践的な問題についても学ぶことができます。

そうした新たな気づきや学びに満ちたこのブックレットは、今、教育について再考する格好の機会を与えてくれるでしょう。

早稲田大学教育総合研究所　副所長　佐藤　隆之

基調提案

早稲田大学教育・総合科学学術院教授　町田　守弘

今回の企画のコーディネーターを佐藤隆之副所長と私とで担当しましたので、基調提案を含めたご挨拶を申し上げます。

教育総合研究所では「教育最前線講演会シリーズ」という企画を毎年一年に二回ほど開催しておりますが、これは教育の今日的な話題をテーマとして設定し、それについて造詣の深い講師の先生方をお迎えしてお話をいただき、ご来場の皆さんと共に追究するという企画です。今回で二九回目になりますが、「教育と映画」というテーマを取り上げて展開したいと思います。

映画、映像は、私たちのきわめて身近なところにあります。私のような年配の世代ですと、映像よりも活字で育ってきたわけですが、今の子どもたちは生まれたときから夥しい映像文化の中で育ってきました。テレビやインターネットを含めて、さまざまな映像が溢れています。タブレットやスマートフォンなども普及して、ただ映像を受信するだけではなく、発信するということも YouTube や Instagram などを含めて、日常の場面で行われる時代になりました。そうした中で、映画の教育的な意味を確認する時期になっているのではないかという気がいたします。

そこで今回は「教育と映画」というテーマを設定して、教育という文脈の中に映画をどう位置付けていくのかを講師の先生方と一緒に考えていきたいと思っています。学習指導要領の改訂が、教育の現場では話題になっています。私は国語教育を専攻していますが、国語の学習指導要領は特に高等学校が大きく変わります。新しい科目として「文学国語」という選択科目が設けられるのですが、それをよく見てみると、学習指導要領に「映画」が登場しています。「文学国語」の中に登場するということで、学習指導要領の中では、例えば文学作品の映像化、映画化ということで、原作との比較をするという活動も構想できると思われます。

今日の講師の樋口監督が作られた『葬式の名人』という映画もまさにその代表的なもので、原作と言ってよいのでしょうか、原案は川端康成のもので、まさに小説と映画の関連を考えるというテーマにはふさわしいものだと思います。

映像文化の中で映画の位置、そして教育という文脈の中に映画をどう位置付けるのかという問題を、今日は映画に関わる講師の先生方をお迎えして、それぞれのお立場から話題提供をお願いしたいと思っています。

まず教育学者の立場から、上坂先生には、広く教育という文脈の中に映画がどう位置付けられるかを見渡しながら、口火を切っていただきます。それから、笠原先生には、実際に映画を、具体的に教育現場の中でどのように用いて授業を展開しているのかということをご紹介いただきます。そして映画を批評するという意味では、映倫の役割は重要なものだと思いますので、映倫の幹部の石川さんには映倫役員のお立場から映画を語っていただきます。そして最後に樋口監督からは、映画を作るというお立場に立ってさまざまなご提案をいただくということで、今日はテーマにまことにふさわしい先生方にご登壇いただくことを、とても楽しみにしている次第です。

学校は今ハード面でも充実していて、各教室にプロジェクター等の設備があったり、電子黒板があったりするので、授業の中でも映画が使用されていると思います。新しい時代の中で映画をどう捉えていくのか、今日は講師の先生方からいろいろとご指導いただいて、皆さま本当にお忙しい中ご参加いただきましたので、「教育と映画」についてともに考えていくことができればと考えております。どうかよろしくお願い申し上げます。

「教育」をめぐって映画はどこにいるのか：人間の「生」としての映画

明星大学教育学部准教授　上坂　保仁

上坂保仁と申します。よろしくお願いします。

いろいろ素敵な先生方がいらっしゃる中、自分は理念系のことを話しますが、教育というものをどう捉えるかということによって文脈自体がいろいろな可能性を持ってしまいますので、ある程度限定した形でお話しさせていただくということを、最初にご理解いただければと思います[1]。

緒言

「映画は人生の教科書」と、「戦後」を代表する映画評論家淀川長治さんは総じて喝破しました。このたびの講演会に際し頂戴した「企画の趣旨」には二つの方向性が示されました。期待されているのは、（後者）「教育における映画の活用を考えるという方向」を「中心として」、「意義とその具体的方法」について考えることです。一筋縄ではいかないと思います。とりわけ、「教育」という営為をどのように捉えるかによって複数の議論の可能性が生ずるからです。（中略）

たとえば、「「教育」＝学校教育」なのでしょうか。「教育」とは「教える―学ぶ」という関係に集約できるのでしょうか。そもそも「教える―学ぶ」関係とは何だろうか、等々、「教育」の語そのものをめぐって浮かび上がる問いすら実にさまざまです。そうすると、「教育における映画の活用」を考えることが、つまるところ「映画における教育に関わる要素」を考えることと不分離であるともいえそうです。「教育」という営為自体が文字通り多様であれば、「映画の活用」を思考する際の「教育」という営為はいうまでもなく多様でしょう。いずれであれ、そこには、人間による枚挙に暇がない多種多様な諸々の営みがある、そのことは少なくとも確かなはずです。

それらを踏まえ、「教育」という営為をめぐって「映画を活用すること」とその「意義」に係わる「そもそも」、（また、活用と意義の）契機について中心的に探究してみて、何かしらの、意義にかかわるきっかけになるところを見ていこうと思います。

具体的には、「教育」という営為の捉えかたに拘わる相違を確認しつつ、いわば学校教育を「生きる」若者や子どもと学校で提示される映画との問題にときに触れながらも、主に、学校教育とはさまざまに異なる、枚挙に暇がない人生の諸相と映画の関わり・意義を考察してみたいと思います。学校教育における「活用」の「意義」を思考する時空がいくばくかでも潤えば幸いです。考察においては、私自身が寺山修司も研究しているものですから、それも少し横軸に入れていきたいと思います。無数の人生の諸相、かれ・かのじょが町、市街で「生きる」こと、あるいは、想像の世界で「生きる」ことを映画が禁じることはありません。あえて「人間の「生」としての映画」と想定してみるならば、やがて、人間の自由の問題と不可避な風景が見えてくるのではないでしょうか。このように進めていきたいと思います。

「人間の「生」」をめぐり、多様性、想像力、孤独、自由といった主題に係わる作品のごく一部を例示としてとり上げたいと思います。

一　「教育」という営為をどのように捉えるか　――「教育」という「語」に係わる例示

「教育」とはと言ったときに、学校教育成立以来そうした（「教育」＝学校教育の）イメージ、あるいはそのように仕組まれているところもあると思います。けれども、そうではないのではないかということも含めて、ラーメン屋のおばちゃんとのやりとりといったことも、教育の一つの営みとしてありますし、あるいは、自分が好きなきれいな花があれば、きれいな花から学ぶこともできるわけです。そうしますと、簡単な解釈というのは難しいと思います。（中略）具体的に映画のほうに入っていきます。

二　〝「社会」／「世の中」への疑問を懐くこと〟をめぐってながめてみる

「教育」という営為が、少なくとも、学校空間における教授行為や「教えた」から「学ぶ」といった意味に集約されないことは、今、少しですが確認しました。学校段階にある若者や子どもという人間が生きている場、空間、情況において、およそ学校教育においてはとり上げられない無数の（教育）内容であったり、学校教育においてとり上げられる内容であっても若者や子どもからすると理性的にあるいは言語化できなくとも感覚的に疑問を懐く諸相であったり、さらにはまた、学校でとり上げる教員の言動に対して怒り、悲しみ、やるせなさ等を、評価を受けるので展開できず疑問が生じることは珍しくありません。例えば道徳的な内容に、講義、授業で触れているとします。生き物を大切にしましょうとか、みんなで仲良くしましょうと言っていますけれども、蚊が飛んで来て、(教員が)「あ、蚊だ」と言ってバンとして(机を叩いて)、「蚊の季節だね。ではは、次にいきましょう」という瞬間を子どもが見たときに、どう思うかです。そうした疑問も、欺瞞、偽善性ということに繋がるでしょうし、人間として、子どももよく観察していると思います。

本節では、「社会批判」の視点、まなざしが映画によって学ばれる諸相に着目してみます。文字通り「社会派」と称される映画への注視は解りやすいと思います。それら「社会派」映画への注視を含めつつも、映画のジャンルに縛られず拘泥することなく、たとえば娯楽映画と呼ばれるものであっても、「社会批判」的な視点を若者や子どもが育む契機があちらこちらに垣間みられること、あるいは潜んでいることを指摘してみたいと思います。いわば教科書で提示される「政治」的文脈とはまた別の側面に係わるアプローチです。そうして見えてくるのは、若者や子どもが映画と出会うことにより、「当たり前」「常識」とされる問題を自らの内面に照らし合わせて純粋に疑ってみることが、多様な人生、他者という存在を自然的に承認する精神的態度をめぐる涵養の契機となり得るということではないでしょうか。

㈠　植木等主演「サラリーマン喜劇」（東宝）をながめてみる

植木等さんの無責任ものと言われる喜劇は、私たちの先輩（註：青島幸男）が作詞の歌等がありますが、これは喜劇にすることによって逆に会社員である前に人間としての心、生きざまに活力を与えたり、それでしか表現できない場合もあるのではないでしょうか。そうしたものは、ある意味では社会批判的なのではないかということを申し上げておきました。

㈡　熊井啓監督『黒部の太陽』（三船プロダクション＋石原プロモーション）と一連の作品をながめてみる

熊井啓監督の『黒部の太陽』を並べてみました。熊井啓さんは社会派と言われていますけれども、あえてここで『黒部の太陽』を出してみました。

「大手五社」各社を抑え、一九六八年の配給収入首位（キネマ旬報編集部　一九八六：一六）の位置を獲得した『黒部の太陽』は、複数のいわゆる（大）企業の協力を得て完成されました。このことは、たとえば、渡辺武信による名著『日活アクションの華麗な世界』において「産業スポンサード映画」（渡辺　二〇〇四：五一七）という言葉による批判的叙述がみられますし、事実でありますす。そのことを踏まえたうえで、たとえば「大企業」対「庶民」といったような構図は容易に浮かばれるでしょうが、「五社協定」を打破した事実、また出演者に目を向けましても、劇団民藝等の多くの演劇俳優陣が脇を固めている事実も、もうひとつの事実として意味があるでしょう。子どもたちが俳優さんの名前を見ていろいろ調べたりすると、いわゆる政治的な五五年体制下で言われる対立関係を置くのであれば、およそ、大枠ですけれども、それらの大企業と劇団民藝が容易に結びつくとは、あまり考えられません。そうしますと、実際に出ている人たちは（石原）裕次郎さんのためにとか、いろいろなことで出演しているということも一つの事実です。あるいは、「五社協定」を崩していくという意味でも、独立プロとしての存在理由が明らかにあったということが一つの社会派の文脈として認められるのではないかということです。

㈢　深作欣二監督『仁義なき戦い　頂上作戦』（東映）をながめてみる

笠原和夫脚本による本作ラストシーンのナレーション箇所に着目してみます。（「戦後」の）「市民社会」を「善きもの」として定立するなかで、「悪」の問題を「やくざ」と呼ばれる人間に丸投げして成立している「社会」とは、はたして現実における本当の「社会」なのでしょうか。「戦後」社会で、どうして「やくざ」になったのか、どうして「やくざ」として生きなければならなかったのか。

㈣　大島渚監督『少年』（創造社＋ＡＴＧ）をながめてみる【付記①　若松孝二による「闘い」の基層と映画】【付記②　倉本聰の映画に推察される「裏方」へのまなざし】（中略）

三　「独りである」ということをながめてみる

学校教育制度を含めた、国家に何かしら係わる現代社会の諸制度の埒外に日常を送ることを余儀なくされている幾多の人間も、人間を「生き」ています。前節でみた社会批判的視点との密接な連関も容易に指摘できます。

そもそも、多様性が自然的に承認されるのであるならば、「独りである」諸相も自然的に承認されるはずでありましょう。にもかかわらず、「『独りである』ということ」は学校教育制度において、ときに、いかなる目を向けられるでしょうか。そして、例えば、若者が存在レヴェルからの不安をいだき、みずからの「生きる」をひたすらに悩む「独り」は、いかなる意味をもっているであろうかというようなこと、を考えてみます。最近、冗談も含めて「ぼっち」とか言いますが、「ぼっち」が何かまずいのかという感じです。存在そのものが「ぼっち」であるはずと考えてみると、いろいろなものが見えてきます。

㈠　渡哲也主演『無頼』シリーズ（日活）をながめてみる

組織的集団の「権力」に、原理としては集団抗争的にではなく文字通り「独り」で挑む一種の精神の純粋性。「『無頼』の青春」「やるせなさ・せつなさ」（斯波・青山　一九九八：八二）と叙述されていることは特徴的でしょう。

他者に関わる自己の「責任」を、たとえ予想される未来が闇であっても、自らの実存を賭けて「生きる」際の「責任」は、政治的文脈に回収される「自己責任」とは無縁です。青春の不安、せつなさ、自己矛盾等は「独り」から乖離することはないし、否定されることでもありません。

(二) G.トルナトーレ監督『ニュー・シネマ・パラダイス』(伊・仏合作、日本ヘラルド)をながめてみる

ここだけは、洋画を入れさせていただきました。ジュゼッペ・トルナトーレ(Tornatore, Giuseppe 一九五六－)監督の『ニュー・シネマ・パラダイス』(*Nuovo Cinema Paradiso*)です。(その)ラストシーンは、ご覧になった方も多いかと思いますけれども、トト(サルヴァトーレ)が成長し、自らを振り返る際に、アルフレードという「人間」を全的に知ります。人間的であるとは何か。厳しさにみえたはずの行為が優しさであることを明確に、いわゆる「おとな」になってから後、「あとから」知ります。人間として「学ぶ」。時間的経過を経て、若者や子どもは「教育的関係」といったものを意識します。「教育的関係」と呼ぶか否かも含めてです。「あとから」知る、すなわちそれは人間として「学ぶ」ことのひとつではないでしょうか。田中智志先生の文章が分かりやすいので、引用させていただきました。「事後心象としての先生」ということで、僕はこの概念が精確なのではないかと言えるというのはどうでしょうか。「(略)学ぶ側の構成する先生という概念からみるなら、旧来の教育学における常識的な概念――「教授学習過程」――が表面的なものであることがわかるだろう。すくなくとも、教授と学習の順序は逆である。私たちは教えられたあとに学ぶのではなく、学んだあとに教えられたと思う(引用者注:原著太字ゴシック体)」(田中　二〇〇三:一〇四)……とあります。

【関連】フランソワ・トリュフォー(Truffaut, François 一九三二－一九八四)の詩的世界と「生」(略)

四　寺山修司の言辞に「人間の「生」」をめぐっての着想を探る　――いわば横軸として

(一)　「野球民主主義とでもいったもの」という着想をながめてみる

友だち同士の会話はどうでしょうか。こういうのがあると思います。「ようっ！」と（教室に）入ってきて、たとえば大学では、挨拶するのは個人的には素敵なことだと思いますけれども、挨拶したくない人は、実は声が出ない方かもしれないし、わからないですよね。ですから、「おはようございます」と始めたときに、全員が「おはようございます！」とは言いません。言わないということのほうが、むしろ、人間としての照れくささもあったり、初めて会う人だと、たとえば大学でしたら、（全員が揃って挨拶をする）それは少し奇妙な風景だと思います。（友だち同士が）「よっ！」「よっ！」と、そんなものではないでしょうか。例えばそういうことも一つのコミュニケーションのあり方、対話というものではないでしょうか。そうしたところもきちんと見てこないと、はきはきものが言えるということこそがいいことになってくるとか、簡単に「主体的」だなどとは言えないはずだと思います。

寺山は「敗戦」直後の「民主主義」の問題をめぐり、野球の「キャッチボール」によって「言葉のないコミュニケーション」を学んだと高らかに明言しました（寺山・野口　一九六五：三二）。そこでは、活字を第一とする世界観や音声言語に集約され得ない諸相への着目の重要性が問題提起的に例示されていると約言できます。「生きる」人間が拠る「理性」妄信に対しての警告であり、「一般化」や「固定化」への論難でもありましょう。

【関連】阿久悠（あく　ゆう　一九三七―二〇〇七）が語る「「時代」と人間」についての慧眼

篠田正浩監督『瀬戸内少年野球団』の原作者でもある作詞家阿久をご紹介します。「時代」情況と不分離な人間の内面を歌謡曲に引き寄せて洞察しています。映画にあっても同様の指摘が可能でしょう。NHKのBSの中で（阿久は）、同じ歌が歌われているときでも、時代の背景によってだいぶ情感は違うのではないかと。穏やかな、いわゆる平和だと言われているような空間に囲まれているときにある歌と、それから、学園紛争が激しかったときに歌うときの歌は、歌の感じ方、切なさ、そういうものが全くそこでは感じ方も違うし、それは一人ひとりの人間がつくられ「生きて」いく上で非常に重要なことなのではないかと思います。

そこの点について、そうしたものも、映画館に行ったときに、この匂いは何だろうとか。また、自分はこの大学で育ったので、ここの15号館に入ってくると、自分の（通っていた）ときの15号館の匂いと今の匂いと、変わらないです。椅子は変わったけれども、入ると15号館だという、こういう一つひとつが影響して、この一つひとつの考え方、文脈がその人間、人間に創られているということも、みていくといいのではないかと思います。

〔参考〕「「教えない」教育」をながめてみる

背中を見て育つということも、一つの意味があるのではないでしょうか。映画などは特に、映画の世界自体が何かを教えてくれる場合があります。それは、先ほどの、学んでいるからこそ教えてくれる。映画はいいな、本当にあの監督、作っている人たち、アニメーションもそうですが、いいなって。（映画の）活用におけるよき契機として、きっかけとして何を意味しているかということにまで意味があるのではないでしょうか。

㈡　「民はいやだ、一人でいい」という着想をながめてみる（略）

人間の、生きている人間のありようで、映画というのはそこについて正直に、純粋に画かれている世界というのがたくさんあるのではないかということです。

㈢　「全部無くなっちゃいたいって時もある」という着想をながめてみる（略）

寺山の発言ではないですけれども、たとえば自分が最初にデートをした人がいます。デートした初めてどこか、大井の地方競馬に行ったとします。けれども、すぐに別れてしまった。別れてしまったときに、地方競馬をもう一度最後に見て終わりにしようと思ったら、そこで友だち誰もが「全然、当たるわけないよ、こんなの。万馬券じゃない」と言うけれど、「いいよ。今日は、この一万円を、全部使っちゃうんだ」というのは、ひとつ、人間として意味のある行為といいますか、実存的ではないかと思います。そうしたこともひっくるめて教育とは一体何なのかを考えていかないと、その活用ということもなかなか、本来的に難しくなってくるのではないかと思いますので、そうしたところも見てみようということです。

㈣　「細部のリアリティ」という着想をながめてみる

「そのディテールとサスペンスだけが、少年の心を動かす。少年には、歴史は「経験」ではなくて、ただの「物語」でしかない。だから、少年は細部のリアリティを偏愛するようになる」（松山・寺山　一九七六：一四一）。これも同じような感じです。

映画監督長谷部安春さんが、石原裕次郎さんが亡くなった後の特集で、どこがいいのですかと聞かれて、いろいろ素敵で、足が長いとかいろいろおっしゃって、それぞれ素敵なんですけれども、長谷部監督が言ったのは、「パッと殴るシーンがある。コートが翻る。そのコートの翻りがいいんだ」と。これは何がいいのかなかなか論理性はないかもしれないですけれども、翻るということが、非常に意味を持つところが憧れだったり、格好良さだったり、あるいは格好悪さというものを見ているのではないかと思います。

五　まとめにかえて

主題との関係において、いささか散漫になった感が否めず批判は真摯に受け止めねばならないのですけれども、最後に、みてきた幾つかの指摘から整理しておきたいと思います。いま一度、教育思想・哲学研究者の関係する言辞を引用して、先の田中先生の言葉「ヒューマニズムは主義（道徳規範）であり、一命の無条件肯定は「良心の呼び声」である」（田中　二〇一七：九七）。（中略）最後に少し、どういったものを契機とすれば良いかをまとめておきました。

映画が自分の味方でいてくれる、映画が味方をしてくれるということだけが、たとえ孤独を感じてしまった子どもたちに対しても、映画が味方であるということは、ある意味、非常に意味のあることなのではないでしょうか。（それは列挙するならば）人間の存在レヴェルからの多様性。

「一般的」とされる軸に依拠し傾斜することへのいま一度の疑問。数量的価値を真っ先に重視する態度への疑問をはじめとしながら、総じて有用性への傾斜に対する批判であります。同じ文脈で、「発達」「進歩」という論理の再考。いわば直線的な「発達」の論理をめぐる再考の重要性。「生」の多様性への連なり。それから、想像的世界をも含めた「人間の「生」」そのものからの自然的承認（その前提のうえでの尊重）という重要性。それから、他者へのまなざし。これは、いわゆる優しさ、何をもって優しさとされるか、非常に難しいことですが。それは、他者へのまなざしということを、映画というのは、非常に教えてくれます。このことは、「教育」のなかで映画を「活用」する「教育」という営み自体をどうするのか、いろいろ複数の、多数の、多様な意見をもつということでもあります。散漫になってしまいましたけれども、本日はここまでにしたいと思います。どうも、ご清聴ありがとうございました。

※付記　なお、紙幅の都合上、実際の講演における内容から相当量の省略を行なわざるを得なかった点につきまして、ご理解頂ければ幸いでございます。

（1）　基本的には配布レジュメに沿って読み上げるかたちで展開。

引用文献

キネマ旬報編集部　一九八六「戦後日本映画各年別配収トップ10」『映画40年　全記録』（『キネマ旬報』'86増刊２・13号）キネマ旬報社。

斯波司・青山栄　一九九八『やくざ映画とその時代』筑摩書房。
田中智志　二〇〇三『教育学がわかる事典』日本実業出版社。
田中智志　二〇一七『何が教育思想と呼ばれるのか――共存在と超越性』一藝社。
寺山修司・野口武彦　一九六五「戦後デモクラシー論」『思想の科学』No.・45、思想の科学社。
渡辺武信　二〇〇四『日活アクションの華麗な世界（合本）一九五四－一九七一』未来社（原版は上・中・下の三巻）。

映画の審査と区分付け：青少年の健全育成に向けて

一般財団法人映画倫理機構　専務理事・事務局長　石川　知春

映倫はどのような仕事をしているのか

まず、映倫の正式名称ですが、創設以来いろいろ変わってきたのですが、現在では「一般財団法人映画倫理機構・映画倫理委員会」といいます。略しての「映倫は」発足以来変わりありません。映倫では、日本の映画館で上映される映画を公開前に審査して、「G」「PG12」「R15＋」「R18＋」の四つの区分に分ける仕事をしています。それは、言論表現の自由を守ること、そして、次世代を担う青少年の健全育成のために行っているのです。

その区分はどのような内容かというと、「G」は「年齢帯に関わらず誰でもご覧になれます」という区分です。「PG12」は「十二歳未満の年少者の観覧は、親または保護者の助言、指導が必要」という区分です。親が一緒でなければいけないと思われがちですが、親または保護者の指導があれば子どもだけで見ることも可能です。「R15＋」は「十五歳以上の方はご覧になれます」、逆に言えば「十五歳未満の方は見られません」という制限区分です。「R18＋」はかつて「成人映画」と言っていましたが、「十八歳以上の方はご覧になれます」「十八歳未満の方はご覧いただけません」という制限区分です（図1参照）。

審査本数はどれくらいあるのかというと、五年前（二〇一四年度）の劇場公開映画の審査本数は七五九本でしたが、昨年度（二〇一八年度）は九七〇本（日本映画五〇七本、外国映画四六三本）と大幅に増加しています。これは映画のデジタル化が進み、映画を作る側はフィルムで撮影していたときに比べると手軽に作れ、劇場では増加したシネコンがデジタル上映となり多様な公開方法が可能になったことによると思われます。区分別の本数に関しては、二〇一八年度の劇場公開映画の審査本数は九七〇本で、そのうち六八三本が「G」区分です。「PG12」が一三八本、「R15＋」が八六本、「R18＋」が六三本でした。「G」が一番多く、続いて「PG12」です。「PG12」「R15＋」は日本映画より外国映画のほうが多く、「R18＋」は日本映画の方が多い傾向にあり

ENJOY YOUR CINEMA LIFE!!
それぞれのマークには伝えたい大切な意味があります。
G 映倫
どなたでもご覧になれます
PG12 映倫
小学生には助言・指導が必要
R15+ 映倫
15歳以上がご覧になれます
R18+ 映倫
18歳以上がご覧になれます
We ♥ Cinema!
映画を観るまえに確認をお願いします。
映倫の区分表示マークは、全4種類。
映画を、より多くの人に健全な娯楽として届けるために、
ご協力をお願いいたします。
http://www.eirin.jp/ 映画倫理委員会
映倫 EIRIN

図１　映倫区分表記ポスター

図２　年間審査本数

（各年度4/1～3/31）

年度別審査本数・区分別本数

	審査本数					区分別本数				
日本映画	長編	中編	短編	新版	合計	G	PG12	R15+	R18+	合計
2014年度	339	17	11	59	426	279	30	45	72	426
2015年度	343	19	21	38	421	301	34	22	64	421
2016年度	374	11	22	36	443	336	30	21	56	443
2017年度	405	11	16	35	467	353	23	33	58	467
2018年度	415	12	15	65	507	375	46	30	56	507

外国映画	長編	中編	短編	新版	合計	G	PG12	R15+	R18+	合計
2014年度	316	1	2	14	333	194	72	53	14	333
2015年度	325	1	3	51	380	260	63	52	5	380
2016年度	355	2	4	31	392	263	88	37	4	392
2017年度	314	1	3	26	344	236	66	37	5	344
2018年度	419	2	1	41	463	308	92	56	7	463

合計	長編	中編	短編	新版	合計	G	PG12	R15+	R18+	合計
2014年度	655	18	13	73	759	473	102	98	86	759
2015年度	668	20	24	89	801	561	97	74	69	801
2016年度	729	13	26	67	835	599	118	58	60	835
2017年度	719	12	19	61	811	589	89	70	63	811
2018年度	834	14	16	106	970	683	138	86	63	970

二次市場向け審査区分本数

	日本映画					外国映画					合　計				
	G	PG12	R15+	R18+	合計	G	PG12	R15+	R18+	合計	G	PG12	R15+	R18+	合計
2014年度	7	2	28	1	38	2	1	13	1	17	9	3	41	2	55
2015年度	1	1	45	4	51	6	3	11	1	21	7	4	56	5	72
2016年度	3	2	44	2	51	6	0	9	2	17	9	2	53	4	68
2017年度	0	1	59	2	62	1	1	7	1	10	1	2	66	3	72
2018年度	0	2	96	6	104	0	0	3	2	5	0	2	99	8	109

予告編審査本数

	日本映画	外国映画	合　計
2014年度	151	105	256
2015年度	242	157	399
2016年度	326	227	553
2017年度	352	204	556
2018年度	333	186	519

年少者映画審議会推薦本数

	日本映画	外国映画	合　計
2014年度	5	2	7
2015年度	7	1	8
2016年度	5	4	9
2017年度	7	4	11
2018年度	8	2	10

宣材審査本数

	日本映画		外国映画		合　計	
	ポスター	スチール	ポスター	スチール	ポスター	スチール
2014年度	292	254	205	0	497	254
2015年度	304	242	184	0	488	242
2016年度	308	283	192	0	500	283
2017年度	309	202	174	0	483	202
2018年度	314	184	177	0	491	184

ます。

映倫では劇場公開作品以外に二次市場向け（DVDなどのパッケージ商品やネット配信など）や予告編も審査しています。予告編の審査本数は、昨年（二〇一八年度）は五一九本でした。予告編の審査はその表現が「G」区分に収まっているかを審査します。それは、予告編が子供から大人まで区別なく目に触れる可能性があるからです。その他に映画の宣伝用ポスターの審査も行っています。年間五〇〇枚ほどのポスターを審査しています。絵柄とキャッチコピーの表現を審査します。問題になることはあまりないのですが、年に一～二件この写真はG区分外なので修整してくださいなどということがあります。

映倫には年少者映画審議会という委員会があり、八名の有識者の方が月に一回集まって映画を見て、年少者（青少年）向けに良い映画を推薦するという事業も行っています。十五歳以上、十八歳以上でなければ見ては駄目ですという指定をする一方で、子どもたちにも見てもらいたい映画を推薦する事業も行っているのです（図2参照）。

映倫と審査の歴史について

映倫ができる前、戦前の一九二五年以前は国としての検閲はなく警察署が地区ごとに取り締まりを行う状況だったようです。その後、国としての統一見解としての検閲が行われるようになります。審査ではなく検閲ですので、内容が規定に触れればカットや上映を禁止するということです。一九三九年、太平洋戦争開戦前に映画法という法律ができました。映画を国の宣伝に使う、国策映画、戦意高揚映画を作っていく、問題があると思われる映画は検閲で取り締まるという時代を過ごします。その後太平洋戦争に敗戦し、ＧＨＱ（連合国軍最高司令官総司令部）がやってきて検閲をするようになりました。このときは、戦前とは逆に軍国主義や時代劇などの反民主主義的な内容が規制されることになりました。占領解除が近づくとＧＨＱは、日本政府には検閲を戻さず、映画業界で検閲に代わるものを作りなさいという方針を出しました。そして、大手映画会社で作っていた日本映画連合会（当時）に映画倫理管理規定委員会（旧映倫）ができました。運営資金は、日本映画連合会加盟各社が出していました。

その後一九五〇年頃から青少年に悪影響を及ぼすのではないかと思われる映画や出版物が作られるようになり、その対策のため政府による規制のための委員会が作られるのではないかという懸念が出てきました。そんな中、一九五六年に『太陽の季節』（石原慎太郎元都知事の芥川賞受賞小説の映画化）が「成人向」指定でしたが大ヒットしました。その後、太陽族と言われる若者の風俗を描いた映画が続々と上映され、教育団体、ＰＴＡの方々などの反発を受けて上映反対運動なども起こってきます。マスコミも、審査をしている映倫は何をしているのだということで批判的な記事も出るようになり、不良映画追放の法律化が政府で協議され始めてしまいます。このままでは戦前の様な映画法が出来て法律で映画が規制されるのではないかという恐れを感じ、その対応として一九五六年に映倫管理委員会（新映倫）が発足します。それは映画界から独立した立場を貫くために、映画界とは一線を画して、自主規制の目的である映画の表現の自由を守るため、我が国初の第三者機関としての委員会（新映倫）がスタートしました。それまでの映倫（旧映倫）では映画業界の人間が委員を行っていましたが、新映倫では委員会の委員全員が映画業界とは関係の無い人間になりました。審査員も業界経験者は会社を辞めて映倫に完全に移籍します。また、新映倫の運営資金は全て審査料で賄われています。

その後、新しくなった映倫でエポックメーキングな出来事がありましたのでいくつか紹介します。一九七〇年代、映画は斜陽の時代でしたが、日活によりロマンポルノが大変多く作られました。そんな中、一九七三年にロマンポルノ四作品が刑法一七五条のわいせつ図画公然陳列罪で訴えられます。製作の日活は、監督・プロデューサーなどが起訴されます。そして、映倫の審査員もほう助罪で起訴されました。裁判は七年間続き、東京地裁で勝って東京高裁に行き、最後は無罪になり、相手側の国が上告をあきらめて勝ちました。このときに「わいせつの最終判断権は裁判所にあるけれども、社会通念を推し量る場合には、映倫の見解は傾聴に値し、その審査は資料として重視するべきである」と、映倫の審査は裁判所のお墨付きをいただきました。映倫が行っている審査が公に認められ、その後現在に至っています。

審査区分の追加に関してですが、『エマニエル夫人』が一九七六年に大ヒットしました。この時点での区分は成人映画と一般映画しかなかったので、数十箇所削除・修正の上、誰でも鑑賞可能な一般映画として上映されました。この後に、「続エマニエル夫人」他類似映画が多く出てきて、その対応として「一般映画制限付き（R）」（十五歳未満は見られません）という区分ができました。その後、一九九〇年ごろになるとホラー映画で、チェーンソーで血しぶきがあがるような残酷描写のある外国映画が多く上映されました。それらに対応するため、一九九八年に「ＰＧ12」（十二歳未満は親または保護者の同伴が望ましい）という区分が出来ました。

映倫の審査基準について

区分の判断をするために「映画倫理綱領」、「区分と審査方針」、「分類基準」、「映画分類基準の重点八項目」、「映画宣伝広告審査基準」、「映画区分の概要」などの規定があります。

ひとつ目の「映画倫理綱領」は映倫の憲法のようなものです。内容は①表現の自由②人権の尊重③未成年への配慮④法と政治⑤宗教と社会⑥性、暴力、犯罪、薬物などの表現、⑦映画倫理委員会による分類区分⑧本綱領の適用、の八項目があります。表現の自由を守り、人権を尊重し、未成年者への配慮を行いそして、法と政治、宗教と社会、性と暴力、犯罪、薬物などの表現に充分気を付けて審査するという基本原則が書かれています。未成年者への配慮としては、年齢層に対応した観客の権利を尊重し成長を阻害しないように留意し、未成年者へ推奨しうる映画を選定するため、年少者映画審議会を設け映画の推薦を行っています。

次の「区分と審査方針」には個々の作品に最も相応しい年齢層別の区分に分類するための審査方針が書かれています。［映画の区分］四区分。［審査の基本的な姿勢］透明性、一貫性、公平性を大事にして説明責任の確認を取るようにする。［審査の対象］日本、外国の劇映画、ドキュメンタリー映画、そして予告編。［申請にあたっての注意事項］基本的人権の尊重に著しく反する描写・表現、児童ポルノに当たるもの他が含まれてはならない。［区分適用外］児童ポルノ、わいせつな図画、残酷な映像、アダルトビデオのようにストーリー性もなく刺激的な性行為や残虐な暴力描写に終始する映像などには区分は付けない。［審査の方針］主題、刺激的か抑制的か、表現、文脈、全体像などを見ながら審査する。

「映画分類区分の重点八項目」注意深く審査をする項目として①主題と題材②言語表現③性表現④ヌード表現⑤暴力・残酷表現⑥恐怖・脅威⑦麻薬・薬物⑧犯罪と非行、の八つがあります。映倫が一番厳しく審査していると思われているのが性表現（映倫では性愛描写といいます）でしょうが、やはり「R18＋」や「R15＋」区分が付きやすい表現ではあります。ヌード表現は、ヘアヌードが解禁になり、表現方法によっては男性器が写っていても修正なく「R18＋」区分でOKになるなど時代により判断の基準は変化しています。暴力描写、残酷表現、恐怖・脅威、麻薬・薬物の扱い方についても注意深く審査していますし、犯罪と非行は子どもたちがまねをしやすいような表現があると「ＰＧ12」になります。

具体的な審査の進め方について

日本映画（邦画）は原則としてシナリオを提出していただきます。シナリオの内容を審査するのではなく、参考に読ませていただきます。初めから「Ｇ」で収まるだろうという映画は、完成してから試写を見て審査しますが、例えば申請者は「ＰＧ12」以内を希望だが、シナリオに撮り方によっては「Ｒ15＋」になる暴力描写のシーンがあれば、事前にこのシーンは気を付けてくださいといった話を伝えます。そして、撮影した問題の部分的を先に見たり、オールラッシュ（完成前のつないだ段階）を見て希望の区分に収まるかを確認します。たとえば、血の量が多いから希望の区分にならない、この描写は引っかかると説明をして、修正をしていただきます。直し方を指示するのではなくこの描き方だと希望の区分になりませんよ、という形のご説明で修整して頂きます。最終的には完成した映画を見て、区分を決めることになります。

外国映画の場合は完成していますのでシナリオを読むことはありません。宣伝用のプレスシートやインターネットで情報を集め、問題点がないかを予想しておきます。邦画の場合にはシナリオ読んでいるのでチェックすべきシーンを確認できますが、外国映画の審査は判断の難しいシーンが出てくることもあるので、うかうかしていられません。

実際の審査は、築地にある映倫事務所の試写室かモニタールーム、または外部の配給会社や現像所の試写室など行います。審査は必ず審査員二名で行います。見終わって意見が合わないことがあれば話し合って区分を決めます。そして申請者の方に区分を伝え、了解していただくと審査終了です。しかし、申請者が区分を下げたいということなら修正すべきシーンを伝えます。修整方法はお任せをしますが、修整方法を聞かれれば、ぼかし、差し替え、暗くするなどの説明をします。しかし、申請者が区分を下げたいが映像の変更はしたくないという場合は、審査員全員（現在は九名）による審査員審査を行います。全員で試写を見て当初の二名の審査員が判断した区分で良いか確認します。審査員審査では変更が無いこともあれば区分が下がる（例：「R15＋」→「PG12」）こともあります。ここで区分の変更が無く申請者に納得いただけないときには再審査を行います。再審査とは映画倫理委員会の全委員（五名）が作品を見たうえで、審査員及び申請者の意見を聞き、話し合いをして最終的な区分の判断をします。裁判に例えれば最高裁判所のようなもので、ここで決まった区分は覆ることはありません。残念なのは、「R18＋」に収まらない映画があることです。再審査で「R18＋」に収まらないと判断され申請者は修整したくないとなると公開できなくなります。映倫はあくまでも自主規制なので、勝手に上映してしまうことが無いとは言いませんが、そのときに何かが起っても映倫は責任を取れません。また、初めから映倫に持って来ない作品も存在し勝手に小さな映画館で上映するなどしているようです。映倫としては劇場公開予定のすべての映画が審査を受けていただけるようお願いをしています。

区分の判断の具体的な例

間接描写と直接描写によって区分が変化することがあります。例えば未成年者がたばこを吸っていれば「ＰＧ12」になりますが、たばこを持っているだけで留めれば「Ｇ」となることもあります。お酒も、まだ口を付けていないなら「Ｇ」になることもあります。暴力描写で、直接腕が切り落とされ血が吹き出ると「Ｒ15＋」だけれども、切る瞬間でカットが変われば「ＰＧ12」になることもあります。血の量や色、音響効果などで区分が上がり、逆に修正すると下がるわけです。性愛描写でも、どこまで映っているかで「ＰＧ12」か「Ｒ15＋」か、全身が写っていたら「Ｒ18＋」というように判断します。

最近映倫では「ＰＧ12」区分についての世間の理解が薄いのではないかと考えています。どうしても「Ｇ」区分にしたい「ＰＧ12」は困る、と申請者の方が嫌がることが多いのです。「ＰＧ12」は親または保護者の指導があれば見せていいのですが。一般の方の意見に「子どもと話し合える映画というのは、いいのではないか」という声もあります。映倫として「ＰＧ12」の広告、宣伝をしなければいけないと思っています。

最後に「映画倫理綱領」前文を紹介させていただきます。「十九世紀末に起こり二十世紀に花開いた映画は、歴史的試練に耐えて映像文化のパイオニアとして百年以上にわたり心の原風景とも言うべき喜びを、人々の記憶に刻んできた。二十一世紀においても、映画が映像文化の中核的存在として人々に支持され、愛され続けることを願っている。映画界では、映画が観客や社会に与える影響の大きさを自覚し、一九五六年、映画人としての責務を果たすべく、映倫管理委員会を独立した第三者機関として、他のメディアに先がけて設立した。そして、法や社会倫理に反し、とりわけ未成年の観覧につき問題を生じうる映画について、社会通念と映画倫理規定に従い、自主的に規制を行ってきた。それは、映画製作者が外部からの干渉を排除して自由に製作できる環境を作るとともに、観客の見る自由を保障し、さらに、次世代を担う未成年者がその成長に際し対応を誤ることのないよう配慮したからである。（後略）」。

映画の審査は厳格に行わなくてはなりませんが、なんでも禁止をすれば良いというものでは無いでしょう。子供たちは少し背伸びしたくらいの映画を見たいのかもしれません。これからも映倫は社会の変化を見据え、青少年の育成のためになるよう審査を行ってまいります。

映画を監督することは「世界を創る」こと

映画監督、映画評論家　樋口　尚文

私は映画の作り手と批評家を両方やっておりまして、今年は監督をつとめました川端康成原案、前田敦子さん主演の『葬式の名人』という劇場用映画が公開され、一方では評論家として『フィルムメーカーズ20　大林宣彦』という作家研究の本の責任編集を致しました。日本にはあまり監督と評論家を両方またぐ人はあまりいませんけれども、たとえば海外ではジャン＝リュック・ゴダールやフランソワ・トリュフォーも批評家出身の監督ですね。日本でも『関ヶ原』や『駆込み女と駆出し男』などを監督した原田眞人さんはもともと『キネマ旬報』でずっと批評家をなさっていました。

さて「映画の教育的効果」という本題に入る前に、少し先ほどお話のあった映倫さんをめぐる笑い話をしたいと思います。実は私は今回の『葬式の名人』の前に、『インターミッション』という作品を監督しました。銀座のど真ん中の銀座シネパトスという映画館が閉館になるので、そこを舞台にして映画を作って、その映画館が閉館するときに、本当にそれをラストショーにしてしまうというギネス申請すれば載るであろう企画を映画化しました。私はそれが劇場用映画の最初の作品でしたので、そのとき初めて映倫の審査をやっていただきました。先ほどの映倫審査のお話は大変ためになりましたけれども私も映倫の審査とは実際どうやるのだろうと思っていました。すると初号試写のときに、ひとりのご老人がツカツカとやっていらっしゃって、そっとお座りになります。映倫というのは、先ほどのお話にはありませんでしたけれども、映倫審査料というのを取られます。これは上映分数によって料金が決まっているのですが、私のようなインディペンデントの作家からするとやはり負担になるわけです。そのため、この一人のご老人がこれから2時間弱の映画を見るのに、これだけのお金を払うのはどうかというケチな気持ちが働きました。

その一方で、私は映画ファンになりたての幼いときから、意味もわからず映倫マークが大好きなんですね。基本的には映画のタイトルの画面の、右下に映倫マークを入れるお約束なんですが、小さいころにはそれが何だか分からないけれども、映倫マークが入っていると映画のシズル感があったので、自分の初めて監督した映画に映倫というマークが入るのが、すごく嬉しくもあったのです。でも同時に映倫審査料は高いなあと思ったので、然らばということで、映倫マークを日本映画史上最大の大きさで入れようということをやりました。規定によると、タイトル画面の右下にしっかり見えるように入れるというのが原則なのですが、私の場合はトップタイトルの『インターミッション』という字が小さくなるくらいに、画面全体を映倫マークにしました。これを観て試写に見えた映倫の方は爆笑しておられました。

この映倫マークを愛をこめてイジるということについては、映画史的に遊びの伝統がありまして、映倫マークで遊んだ映画作家というのは、私を入れると三人います。一人は、『砂の女』という安部公房原作の名作を撮った勅使河原宏監督が、映倫マークをかなり大きく入れていて、なかなかクールで、ちょっとアンディー・ウォーホル的なセンスで格好いいなと思いました。それからもう一人はちょっと存じ上げている方ですが、アニメの『新世紀エヴァンゲリオン』の庵野秀明監督で、これは結構痛快だったのですけれども、『エヴァ』劇場版のときに映倫マークがくるくる回転してぴょーんと飛んでいくんです。これはいったいなんだと思いましたが、この二つの映画史的な遊びに対して、私は大きく自己主張しようと思って、史上最大級の映倫マークを入れました。それが一体どういうものかというのは、ぜひ、レンタルショップでDVDを借りて、これかと笑っていただければと思います。といったところで、本題にいきたいと思います。

今日お話ししたかったのは、私ははなはだ怠惰で教育というものには縁遠いのですが、もしも映画を教育に絡めて考えるとすれば、ぜひ皆さん、ホームムービーでもいいのでぜひ一度何か劇映画を、どんな小規模でもいいので監督してみると、情操教育や組織マネジメントなどあらゆる観点でものすごく意味のある体験になると思います。たとえばこのたび監督しました『葬式の名人』は大阪の茨木市がロケ地だったので、先週、完成披露をしました。そうしたら、一人のクラウドファンディング支援者の方がパーティーのときに寄ってきて、「監督は、こういう映画が出来上がった場合、自分でうまくいかなかったところはあるのですか」とおっしゃるので、「すみません、全部です」とお答えしました。これはどういうことかというと、非常に誤解されているところですけれども、監督というのは非常に全能感があって、スタッフ、キャストを自由自在に自分の理想どおりに使えているものだとみなして木戸銭を払ってご覧になるんですね。そういう目で見たらそれこそたくさんご不満も湧くことでしょうが、実はハリウッドの売れっ子監督は例外かもしれないけれど、映画がスケジュールもスタッフもキャストも全て自分の思いどおり理想的に撮れるということは、まずありません。一つの伝説としては、皆さんご存知かもしれない『砂の器』という映画を撮った野村芳太郎監督は松竹の大名職人でしたが、かつて話題沸騰していたスピルバーグ監督の『ジョーズ』という映画を見て嘆息し、「スピルバーグという青年は不幸である」とつぶやいたんですね。どうしてかというとスピルバーグはまだなんと二十七歳の若さで、全部がＯＫカットからできている映画を撮ってしまった。そんな幸福すぎる監督は、もう今後二度とそんな思いをすることはないから不幸であると。要は野村監督は逆説的に『ジョーズ』を激賛しているわけなんですが、こんな逸話を『羅生門』『生きる』の脚本家の橋本忍さんが野村監督の思い出として本に書いています。私はそれがすごく印象深くて、先ほどの「監督、映画って何かうまくいかないところがあるのですか」言っていた人にその話をしましたら、「そういうものなんですか」と驚いておられました。

では、なぜ皆さん監督をしたほうがいいかというと、まさに非常にうまくいかないものを何とかしようとすることが、監督業の全てだからなんですね。そのために知力、体力をはじめ自分が持っているもの全てを費やすことになるわけです。映画づくりは、順番に言うと、まず脚本から始まります。脚本というのは映画の設計図なので非常に大事ですけれども、これが理想どおりに書かれていることは、まずありません。一番理想的な脚本というのは、かくかくしかじかの背景があるとか、かくかくしかじかの思想があるといったことは全部書かないで、実際に事象として起こっていることだけが淡々と書いてあるものです。細かいアクションも書かないで、どんな場所でこのせりふを言うか、それしか書いていないものが、一番いいシナリオです。たとえば小津安二郎のシナリオを書いた野田高梧さんのシナリオを読めば、レイモンド・チャンドラーよりハードボイルドなシナリオです。

それを一つのベンチマークとしながら、多くのスタッフ、キャストがいろいろな想像を働かせていて、今はあまり使わない言葉ですけれども、「紙背に潜む」ものを焙り出していくことで映画の可能性は広がっていく。「行間を読む」ではないですけれども、まさに書いていない紙背に潜んでいる部分をみんなの総合力で作っていくことが映画づくりの醍醐味でもあり、それは物語をなぞることでもないし、何か隠されたテーマをロジックで語ることでもありません。いわく言いがたい気配や時間の流れの中で、いろいろな感情が移ろうプロセスそのものが映画だと思います。それは、実はシナリオでは非常に書きにくいところでもあり、むしろ書いてもらっては困るところです。それを意外にもよかれと思って全部書こうとする脚本家もいて、まずこうした人たちと大げんかをしなければいけません。

もう一つけっこう大変なのは、現場での俳優さんとのやりとりです。俳優さんというのは、よくも悪しくも自分の役に関しては監督よりもものすごく精通しているし、自分の見え方には非常に敏感です。でも映画は基本的にオーケストラのコンサートのようなものなので、ビオラとかチェロだけが目立っては駄目なんです。その全体のアンサンブルというか、調和が大事なところなんですが、俳優さんによってはご自分のパートを中心に大変主張が激しいので、いろいろと摩擦もあります。でも、ここであまり理詰めでゴールを決めると俳優さんの演技が膨らまなかったり、やる気をなくされたりしますから、うまい具合に持っていくには、時には監督がばかなふりをしたり、元気づけたり、いろんなかたちでそこに持っていきます。

それから、演技の演出には二つのパターンがあると思っていまして、それは放牧型と緊縛型があります。つまり放牧してどうぞ好きにやってくださいと言うと喜んで演技をしてくれる演技者と、完膚なきまでに駄目出しをされてガンガンたたかれて非常にうれしくなってしまう演技者がいます。どちらかというと後者のほうが、演劇的かと思います。演劇の稽古は三ヵ月とか平気でやりますが、映画畑の私は、自分の生理でいくとこのパターンはちょっと耐えられない。映画表現というのは半生《はんなま》というか、そこで起こっている事象を半分は虚構として、半分はそこをはみ出してドキュメンタリー程に撮っていて、その間合いに独特の面白さがあると思うんですね。そういう意味では、あまり演劇的に根を詰めてがっちりと精緻な演技をされても、非常に困るわけです。そういう意味では、自分の好みは放牧型の役者さんなんですが、これはたまたま自分の前の映画のヒロインだったのですけれども、たとえば秋吉久美子さんのような方です。それから、今回の前田敦子さんも、そういう意味ではものすごく放牧型です。そういったさまざまな演技者のタイプによっても、演出のアプローチを変えないといけない。そういう対応のしかたの柔軟性が問われたりします。

よく映画の撮影現場のメイキング映像で、俳優に三〇回同じことをさせてしごく、みたいなエピソードがありますけれども、私の師匠の大島渚監督はあんなに傑作を撮っていますが、一回か二回しか本番は回しません。このほうが撮られる側はそこで最もいい解を出さなければいけないので、ものすごく緊張集中しますし、でもハプニング的なことも起こるので、映画の間合いとしては一番いいあんばいだという気がします。

もう一つ、撮影という次元があります。撮影は、これは先ほどの話にも出ましたが、どういうアングルから世界を創るかという「まなざし」を作ります。ただ、カメラマンによってはものの撮り方においては誰の言うことも聞かないぐらいの頑固なところがあります。でも、たとえばこの演技の場を撮る場合、カメラをどこに置くかという時に、もしも作品全体の「まなざし」の方向性から外れていたら、なんとか説得して最良のカメラ位置を探らねばなりません。

そこから派生する話ですけれども、そういう意味では、最近はカットがたくさん、ものすごく多い映画が多いです。たとえばミュージックビデオとかその他いろいろなプロモーションビデオなどで、小気味よくいろいろな視点から、リズミカルにいろいろなアングルの絵が、いかにも格好よく積み上げられます。よく、コマーシャルなどでもやっていますけれども、あれは、映画としては非常によろしくありません。なぜかというと、つまりこの対象を誰がどこで今見ているのかという作り手の「まなざし」が、さっぱり見えてこないからです。なんとなく雰囲気で格好よくチャカチャカしているけれども、これは誰の目線なのかというのが、分からないです。たとえば小津安二郎はワンカットがごくごく短いですし、アンゲロプロスだったらワンカットで七〜八分くらい回しますけれども、どちらも監督の目線の位置というのは、ものすごくはっきりしています。それが、最近のたくさんカットを割る傾向の中では非常に見えづらく、作品のまとまりがなくなっている。ここは編集という作業に関わることで、中には映画でMTV的な編集をする方もいますけれど、あれは本当に安っぽいと思います。そういう編集の次元にも監督は口出しをせねばなりません。

そして映画には音楽という要素もあります。監督は、作曲家に映画のサウンドトラックを発注しなければいけません。そのときに、作曲家さんに発注する上で最も失礼なのは、既製の楽曲を聴かせて「こんな感じでやってください」というのが一番駄目だと言われていますけれども、皆さんも監督の身になって考えていただければ、言語でこんな感じの音楽と説明するのはまず不可能です。お互いが作曲家や演奏者だったら伝えあえるかもしれませんが、まずは無理です。結局、あの黒澤明もどうしていたかというと、自分が作った編集ラッシュに、自分の家にある世界名曲全集からみんなが知っている必殺の曲を選曲して、そこに貼り付けていたそうです。これは作家の発想をあらかじめ規定してしまうのでやってはいけないパターンと言われていますが、音楽というのはあまりにもベクトルが多方向的なので、まあ世界を四つの象限に分ければこの辺というくらいのあんばいで作曲家にサンプルを聴いてもらうぐらいはいいのでは、と考えます。監督によっては特定のメロディの再現を作曲家に強いる人もいるようですが、そこまでやるとせっかくの音楽の発想が広がっていかないかもしれません。

こうしてさまざまな階梯を踏んで、さまざまな人の力を動員して映画は出来上がりますけれども、監督はとにかくあらゆる可能性の芽を摘まないように、映画を遠心的に開く方向であらゆるジャッジをするのが理想的ということです。監督は、すごく大げさに言うと「世界を創る」仕事です。一つの世界を創るにあたって、監督をやると、もうこれ以上僕に聞かないでくださいというぐらいに「これ、どうするんですか」「これでいいんですか」と一日中尋ねられて、撮っている間は身も細る思いです。でもそれはまた、なかなか得難い経験です。それは別に商業的なサイズの映画だけの話ではなくて、もともと僕は四〇年前には八ミリフィルムで自主映画で劇映画を撮り始めたところから出発していますが、実はその時の感覚と、今劇場用の商業映画を作っている時の感覚は、全く違いがありません。ですから、ぜひ皆さんも、自主映画ないし劇映画的なものを一回試していただくと、単にテクニカルに映画を創るということに留まらない、「世界」を思考する貴重な経験になると思います。

もしそれはご面倒なら、ぜひ自分が監督になったつもりでこれまで挙げてきました各分野をご覧になると、非常にいろいろなことが見えてきて面白いです。単に映画をさらっと見るだけではありつけない、映画の経験の深まりが期待できると思います。そういう意味では、私は批評家もひとつの監督だと考えていますが、そんな視点ひとつで皆さんの映画鑑賞も俄然実り多きものになることでしょう。

全体討論

佐藤：登壇者の先生方に質問をいただいていますので、それについてお答えいただきたいと思います。その上でフロアからも質問を出していただいて、討論を進めたいと思います。まず樋口監督への質問で、「シナリオの中から人物像を解釈する際に気を付けていることなどありましたら教えてください」ということです。

樋口：いいシナリオは解釈が多様にできるものです。物語の基本的なラインは押さえているけれども、いろいろな解釈を許すマチがあるのだと思います。自分が解釈しておおよその青写真は作るのですが、最終的に現場で俳優さんが演じたときに定まることがよくあります。監督はなるべく解釈を広げるのが大事なので、自分にとって意外なものを生かしていくと思います。内なる解釈と外で俳優さんがやってくださった解釈とのせめぎ合いというところで、いいところを選ぶことです。

佐藤：次も樋口監督への質問で、「監督はどのような方法、理由でキャスティングをしますか。どのような俳優さんを自分の映画に出演させたいですか」、です。

樋口：キャスティングというのはものすごく大事で、私の師匠の大島渚は、「キャスティングを終えたところで、映画は八割できている」と言っています。それは、実際に映画を動かしていくエンジンのようなものです。俳優さんがアウトでは映画は駄目です。キャスティングの理想形として、一に素人、二に歌うたい。歌うたいというのは歌手、シンガー、アーティストです。三、四がなくて、五に新劇役者と、これはかなりシニカルな言い方で、まさに緊縛型と放牧型につながるところです。映画というメディアにあっては、緊縛型のエッセンスとして自分の見え方を凝縮していくというやり方よりは、アクシデントも含むような生々しさと虚構として熟しているものがせめぎ合っているくらいで按配がいいと思います。この一に素人、二に歌うたいというのは、放牧型、緊縛型で言うと、放牧型です。あなたができることを好きにやってと言うと、すごさがそこに生まれます。すごい名優が子役と動物には勝てないというのが、まさにその裏返しの言い方です。たとえば『戦場のメリークリスマス』で言うと、デビッド・ボウイが主役ですが、シナリオを読んでいると、デビッド・ボウイがここでこんな演技をするのかということがありました。そういう意外性、あの映画は観念的に精緻にできているので、そこを開いていってくれたというのは、アーティストとしてのライブ感というか、遊び心がよく出ていると思いました。

佐藤：教育にも、やはり放牧型と緊縛型があります。学生、生徒、児童を「放牧」していくのか、それとも縛っていくのかというので、悩ましいところです。そのような視点からも、教育に対して示唆が得られるところがあると思いました。次は、樋口監督へと、それから全員への質問です。

まず樋口監督へ、「昨今のディズニー資本映画のような巨大資本映画と、『カメラを止めるな！』のようなローバジェット映画があります。予算と映画の関係について、未来予想をお聞かせください。グローバルとローカルな視点をも交えて」というご質問です。

樋口：巨大資本映画とローバジェット映画の対峙は、『アラジン』と『カメラを止めるな！』に始まったことではなく、かねてからあるある種の対立です。工場、ファクトリーの映画と、工房、ギルドの映画というのは、ずっと昔からあるわけです。特に工房の映画というのがいわゆる都市型ギルトというと、今で言うインディーズ映画のはしりがあって、そうしたものと大きな資本のところの撮影所を背景にしたファクトリーの映画があり、日本においてこの両者をまたいだ最初の監督は大林監督です。このように両方をまたぐというのは、実は映画を面白くすると思います。森田芳光監督もそうですけれども、そういう人はなかなかいなくなっていて、やはり『カメラを止めるな！』と『アラジン』には大きな垣根があります。そこをまたいでいくようなところはなくなってきているので、それもプロデューサーの視点とか、映画を見るキャパシティの問題だと思います。実は、そこをまたぐと面白いというところに気付いていただきたいと思います。昔のインディーズ映画というのは、大ヒットしません。何か環境をすごく変えたかというと、『カメラを止めるな！』が当たったにすぎません。大林さんのように両者をまたぐことが、これから増えるといいと思います。

佐藤：ファクトリー型かギルド型か、工場型か工房型かというのも、私は教育もマスプロでやるパターンと少人数制グループでやる教育があって、早稲田はこのような大きな教室でのマスプロ教育が多いですけれども、それでもどんどんクラスのサイズを小さくして、少人数化していこうとしています。今は、ＩＣＴの普及で個別化していく教育というのが推奨されているのではないでしょうか。私たちは講義型の授業はもう古い、ということで改革をしようとしているところもありますけれど、それでいいのでしょうか。実はファクトリーにはファクトリーの意味があって、それを架橋していくところに新しい教育のあり方が見えてきたりしないでしょうか。続いて全員への質問です。「映画、テレビといったトラディショナルな映像メディアから、YouTube を代表とするウェブ、SNSプラットホームへ映像に接する場が拡大しました。それが、教育にはどのような影響を与えると思われますか」という内容です。

上坂：教育というものの捉え方によって変わってくると思います。例えば YouTube でしたら、自分の好きなものだけを自由に選べるようになってくると、自分の好きな人たちだけの間、仲間内でというのが始まっていると思います。でもどうしても、好きなものを見たがってしまうと思います。それが怖いという思いもある一方、開かれていることだけは間違いがないはずです。ただ自分の好きなものだけを見るという危惧はあります。ファクトリーかギルドかをまたぐことの面白さだと佐藤先生にもまとめていただきました。自分が見たいものという、欲求とか欲望のようなものと、理性的なものとが人間はどこかにあると思います。自分はこういう YouTube を見たとか、私はこういうのだという交わりがどんどん増えていくことも、自分の好きなものだけではないという可能性ももちろんあるかと思います。

石川：映画、テレビと、新しい YouTube を代表とするウェブ、SNSの映像が教育にどのような影響があるということですけれども、私が大学生のころに、演習で今の子どもたちのテレビの視聴時間はどのくらいなのかというのを調べて、どんな影響があるかを勉強したのを思い出しました。今の子どもたちは、テレビを見ないで YouTube ばかりをずっと見ているのではないでしょうか。大人は便利なので YouTube を使った画像を見たりもしますけれども、子どもたちは学校で YouTube の話をしていて、なりたい職業はユーチューバーというのが当たり前の世界になっています。映画監督になるよりユーチューバーになったほうが儲かるようなご時世になってしまいました。教育で言えば、見方を教えるということをしたほうがいいと思います。大人でもフェイクニュースにだまされてしまうことがありますけれども、大人が見たらおかしいと分かるようなものに子どもはだまされてしまうこともあるかもしれませんので、どのようなところに気を付けて見るかという見方とか、作り方も教えてもいいのではないでしょうか。今は気軽に映像が作られるわけですから、簡単な映像の文法的なことを教えるということであれば、専門学校、大学の中では映像学部、映画学科がたくさんありますけれども、そうしたものを教育の中に取り入れていって、見方が分かった子どもを育てる必要があると思います。

樋口：息子が今高三ですけれども、「親が映画の監督をしていてお前は一体将来何になりたいのか」と言ったら、ユーチューバーと言うかと思ったら、その一歩手前にゲームデザイナーというのがあります。そういう順番です。ゲームデザイナーというのはある種映画と同じで、コツコツ何かを作るわけです。現在はライブで発信するのではなくて、一応過去に作ったものを丁寧に見せるゲームデザイナーをやりたいと言います。どうしてユーチューバーになりたくないのかと聞いたら、何かチャカチャカして嫌だと言います。実は一九六〇年に今の YouTube とか現在的なライブ的なもの、ネットに取って代わられる前に一大メディア変革があったのは、映画しかなかった一般社会にテレビというものが入ってきた瞬間があります。このときに『マンモス・タワー』という草創期のＴＢＳが作ったドラマがありました。それが非常に示唆的なドラマで、古びた映画館からいいものを見た感で出てくる森繁久弥の常連映画ファンが、テレビマンに「テレビなんていうものが普及するわけがない。なぜかというと、テレビというのは現在中継する力道山の試合とか、現在ライブ的なものを見せる、そういったものが、いささか小便臭い劇場の小屋でしっかりコツコツ過去に作ったもの、丁寧なお宝としての映画にかなうはずがない」と言うシーンがあります。そこから実は映画業界がもう真っ逆さまになって、テレビ業界が高度成長期に入るわけです。何を大衆が求めているかというと、テレビの中継とか中継録画ではなくて、自分がユーチューバーで現在を発信できるというレベルまで来てしまっています。ユーチューバーのようなことをお子さんがやってみるのは、先ほど「監督をやるといいのではないですか」と言ったのと同じで、ユーチューバーのまね事をするのは教育的にいいと思います。それが手軽にできるからいいと思いますけれども、六〇年前からの脈々とした病といいますか、今のライブ感への現在性が魅力に現れないのがあって、文化的なものが失われていきます。ＳＮＳは有効だけれどもものの見方として非常に貧しいと思います。Twitter は一四〇字で自分の所感を述べるとか、深いことは何も語れません。Facebook もなかなか厳しいです。やはり、現在、自分がこうしていくといった中にみんなはまってしまって、もっと図太い思考とか、自分というものを考える時間が減っている気がします。特にＳＮＳ的なことは利那性、現在性ということにいってしまっています。そこで思うのは、例えば昔は学校を風邪でお休みして天井の染みをじっと見ているといった鈍さです。速度とか現在性は文明の利器として十分使っていますが、それは本音と建て前のように使い分けて、そうした茫洋と鈍い感覚を大事にしたほうがいいということを、学校で教えたほうがいいと思います。私は広告代理店に三〇年いましたが、普通の人間のコミュニケーションとは少し違っていて、自分を分かりやすく要約して伝えるということしかないという感じがあります。人間というのはもっと鈍くて分からないものであるべきなので、学校教育で鈍さをしっかり教えることが大事なのではないかと思います。

佐藤：鈍さの教育というのは、上坂先生の提案とも重なるところがあるかもしれません。さらに聞いてみたいことはありませんか。

来場者A：うちの子どもが小学校二年生で、凡庸とした部分を持っていて、できのいい子どもたちがたくさんいる中で、天井の染みを見つめるとか、そういう凡庸とした時間とか鈍さという時間の大切さはあまり考えたことがなかったので、そういう視点はなるほどと思いました。

町田：今日は講演を予定していた現職教員の笠原先生が、緊急の学校の所用ができたということで参加できなかったので、教育現場の話が聞けませんでした。それを補う意味での質問です。たとえば、高校生に対してぜひ見てほしい映画、あるいはそれを通して何か考えてほしい課題について、先生方の立場からご指導いただければと思います。

上坂：あえて学校ではなかなか教えてもらえないのではないかということについての映画を、勧めるのではないでしょうか。教員の場合は、もし教員としての立場があるとしたら、何か映画を勧めると、それが高校生にとってある程度の憧れならいいと思いますけれども、そうではない場合には説得力はない気がします。では何かという作品は、よく言われる推奨映画ではないものをあえて見てみたらと言うかもしれません。あるいは、自分が全然興味のない、野球部の人には文学マニアの友達に聞いてみたらと言うかもしれないというのが、当座の私の答えです。

石川：映倫で審査員を二年くらいやっていまして、一年間で延べ二五〇本くらい見ます。本数は最近増えていますが、面白い映画が少ないというのが正直な感想です。高校生になれば古い映画、黒澤明であったり小津安二郎であったりも、見ればそれなりの面白さは分かってもらえると思うので、昔の日本の名作を見るのもいいのではないでしょうか。『ゴジラ』も途中からは怪獣プロレスになってしまいましたけれども、一作目の『ゴジラ』は社会風刺もありますし、重厚にできていてきちんと映画になっています。古いからと言って見ないのではなくて、今は何でも見られる時代になっていますから、見ていただくのがいいと思います。シネコンで旧作上映をしていますから、スクリーンで見ていただくと集中もできます。私は何の映画が好きですかと言われたときには、自分のお金を出して名画座で一番初めに見た『明日に向って撃て！』が一番面白かったので、これは今見ても面白いだろうと思います。

樋口：映画というのは本来遠心的に割り切らない方向に豊かになっていくべきものであって、あまりこういう映画と決められない映画が、実はすごくいいと思います。映画というのはジャンルに分類整理できるものだと思っている人たちの頭脳を開いてあげるという教育的効果が、すごく大事かと思います。たとえばビム・ベンダースの『ことの次第』という映画が僕は大好きです。この映画はＳＦで始まりますけれども、映画のロケ隊、プロデューサーがお金を持ってこないで頓挫する話になって、最後はハードボイルドのようになります。それが見事につながっていきますけれども、見ていてノンジャンルとしか言いようがありません。映画というのはこういう面白さ、読めないわくわく感があるべきだと思いますので、ベンダースの『ことの次第』という映画は、高校生にぜひ見てほしいと思います。ジャンルの枠を取り払うという意味でもっと分かりやすく言うと、僕はコッポラの『地獄の黙示録』という映画もよく見ています。あれも、戦争映画なのかというわけの分からない映画です。もっと軽やかな映画で言えば、大林さんの『ハウス』もそうですし、長谷川和彦監督の『太陽を盗んだ男』という映画も、イメージが自由につながっていく映画で面白いので、ぜひ見ていただきたいと思います。また成瀬巳喜男や小津安二郎は、本当に食わず嫌いではなく、見てほしいと思います。

来場者B：限られた講演の時間の中で映画を扱うというのは、非常に難しいことだと思っています。たとえば九〇分の大学の授業、あるいは一時間の講演でもいいのですが、そうした中で映像作品を使って教育をする、あるいは講演をすることのやり方や可能性について伺えればと思います。

上坂：ある程度の作品なら少しだけ見せたりすることもあるかとは思いますが、自分は映像を作られた監督さんや全員のスタッフさん、俳優さんを含めて何か失礼な感じがあります。

石川：細かく切って見せるのは、映像の勉強、作り方や見方の勉強ではあり得るのかもしれないですけれども、全体のストーリーについての勉強をしたいのであれば、全編を通して見た上で意見交換をすることは、同じものを見てもこれだけ人の感じ方が違うということの勉強になると思います。せっかくできたものを切るのではなく、映画を作った人は全部見てもらいたいだろうと感じます。

樋口：やはり映画というのは全部見せたいという話で言うと、実はすごく教育的効果があったと思っていますが、明治大学で五年前に小松左京シンポジウムというのをやりました。そのときに、一九七三年版の『日本沈没』を、森谷司郎監督の傑作ですけれども、東宝さんにお願いをして、明治大学のすごく広い教室で全編上映しながら、私と特技監督の中野昭慶さんと二人で映しながら、二時間半コメンタリーをしました。そうしたら、終わった瞬間に聴講されている皆さんが今日は良かったと涙ぐんでいました。コメンタリーというのは、逆にいろいろなものが自在にざくざく出てきます。意外にこれは皆さん思い付きませんけれども、みんな見せて話をします。できれば当事者に来ていただいて、全部コメンタリーをやるといいです。これは相当収穫があると思いましたので、ぜひ早稲田でも、できればご存命の重鎮さんの映画をやると聴講されている方も飽きないです。フル上映コメンタリー付きという授業を、どんどんなさるべきだと思いました。

来場者C：洋画を子どもに見せようと思った場合に、教育的な視点から字幕で見たほうがストーリーは伝わるのか、吹き替えで見せたほうが理解できるのかというところで、皆さんそれぞれの考えを、理由を添えてお伺いできればと思います。

上坂：即答で、字幕です。字幕があるからこそ、吹き替えもという感じが答えですけれども、字幕のほうが生と言いますか、イタリア映画ならイタリアの言葉を聞く、それが原点だと思います。やはり向こうの人が話している音の感じとか、ロシア語はこんな感じだとか、ドイツ語はこんな感じかなというのもそのときに学ぶと思います。だからといって、一方で吹き替えを否定することもありません。吹き替えを声優さんや俳優さんがしていることに魅力を感じることもあるのですが、字幕のほうが間を知るとかその人達を知るということでいいのではないかと思います。

石川：私は昔は完全に字幕派でしたけれども、情報量からすると吹き替えのほうが、元のせりふの情報量があると思います。字幕というのは、二行という限られた字数に訳しているのと、字幕を追うと映像を見逃している部分があると思いますので、一回しか見ないのだったら吹き替えでもいいかと思います。本当は、二回見るのがいいのかもしれません。小学生、中学生くらいだと、字幕を追っているだけで目いっぱいなところもあるかもしれませんので、とりあえず吹き替えで見たほうが、映画の雰囲気が分かるかと思います。今、吹き替えも配給会社の制作部門で、もとのものを損なわないようにきちんとやっていると思います。雰囲気としては字幕のほうがいいかもしれませんが、情報量としては吹き替えかと思います。

樋口：映画というのは、さらりと見ましたというのと、しっかり経験、体験になったということでいうと、意外と名作が普通に上映されていないものがあります。見栄をはって、アテネ・フランセとか日仏会館で無字幕のフランス語のアートの映画を見るわけです。そうすると、わけが分かりませんけれども、意外に何十年かたって、そうした無字幕で見た謎のフランス映画が、ものすごくよい体験になっています。映画を気配で見ているところがあって、体でぶつかったというようなことがあります。いっそ、無字幕でもいいかもしれません。やはり字幕のほうがいいと思うのは、分からないよりも何よりも、気配、しゃべり方とかほかの言語でも、ニュアンスがあります。そうしたものをぼんやりと、じっと味わうということでもいいかと思います。映画というのは、筋を追うだけだのものではありません。吹き替えというのは、もうすでに独特の文化で、吹き替え映画だけの本があるくらいに、あれは声優さんの芸といいますか腕の良さがありますので、それはまた別物として、僕は無字幕でもいいくらいの感じです。

佐藤：今日は、教育と映画というテーマでしたけれども、お三方それぞれの視点から、教育と映画が論じられていたかと思います。上坂先生の講演で言うと、社会批判としての映画の話題から始まって、今の学校教育に足りないものが映画に求められることがあるのではないかということでした。石川先生のお話で言うと、映画倫理綱領とか、年少者映画審査会という教育的な視点から審査されるところもあって、そのような視点が学校教育を考える上での一つの視点になってくるかと思いました。樋口監督のお話で言いますと、映画監督がいかに大変か、俳優さんのお話の中で、個性的な人をどう誘導するかというお話があったかと思います。私たちも、子どもたちをいいほうに教育して導いていかなければいけないわけですけれども、トータルな関わりを映画監督もされているわけで、その辺の指導者としての姿というのは、ある意味教師の姿と重なるところもあり、学ばせていただくところがあると思って、聞かせていただきました。本日は、ありがとうございました。

映画を使った授業の可能性

十文字中学・高等学校　国語科教諭　笠原　奈緒子

一　授業で映画を使うことの利点

国語の授業というと、印刷された文字テクストを読んで読解を進めていくのが主流ですが、文字以外のテクストを使っても生徒の言語活動を促すことは可能です。言うまでもなく生徒は日常生活において言語活動は、文字を読むことだけではありません。主なコミュニケーションは話し言葉で会話することです。授業で映画を使うことの利点は、まず親しみやすい題材である点です。学習者は映画館で映画を観るだけでなく、動画サイトなどから映像を見て楽しむ機会も増えています。映像を見ることに抵抗感を感じる者はほとんどいません。したがって文章読解に不安のある学習者も、登場人物の心情を抵抗なく考えることができます。映画の中に登場する人物同士の関係性や前後の出来事の流れを追うことで、人物の心情を考えさせることができます。映画をある部分で止め、後に続く会話の台詞を考える授業実践を行いました。

二　授業の実際

㈠　概要

対象は高校一年生です。国語総合の中の現代文の時間で、鷲田清一氏の「『顔』という現象」という評論文を学習した後に行いました。「『顔』という現象」は、人は本当の対話をするとき、目と目をかち合わせた、相手を真正面に置いたコミュニケーションを行うものだが、近年はそのような対話は減少傾向にあり、人が顔と顔を合わせずに言葉を交わすようになっていることを危惧する内容です。相手を意識してコミュニケーションをとることの必要性を理解させたうえで、映画を使った授業に入りました。

授業の目的は①言葉が相手に与える影響を考えること、②場面に応じた適切な言葉（台詞）を考えること、③どのような言い方が適当か考えることです。①②で相手を意識した言葉の使い方を考え、③で言葉の話し方を工夫して演じるという活動です。

授業で使用する映画はスタジオジブリの制作した映画「魔女の宅急便」と「となりのトトロ」です。「魔女の宅急便」は主人公のキキが魔女になるために一人立ちをし、修行の旅に出かける場面を採用しました。父親がキキの部屋に入り、キキと出発前の会話を交わします。キキは父親に「お父さん、高い高いして」とねだり、父親はキキを抱き上げた後でキキを抱きしめ「いつの間にこんなに大きくなっちゃったんだろう」と娘の成長を感じます。出発前の娘を前にして今までの日々を思い、娘の成長を喜び大きく羽ばたいてほしいと願いつつも娘の旅の無事を祈るさまざまな父親の心境がうかがえます。この場面で映像を止め、後に続く父とキキの台詞を考えるというのが一つ目の課題です。

映画「となりのトトロ」で採用した場面は、サツキの妹のメイが迷子になり、村のはずれで姉であるサツキがメイを見つける場面です。ネコバスから降りたサツキがメイを抱きしめた直後で映像を止め、二人が交わす台詞を考えます。幼い妹のメイは姉に何と言葉をかけるのか。また姉のサツキはメイを思う気持ちをどのような言葉と言い方で表すかを考えます。

授業の流れは次のとおりです。まず台詞を考える際に注目してほしいポイントを説明します。そしてあらすじを説明しながら映画の該当箇所を五分程度視聴します。前述したポイントで映像を止め、二人組になり台詞を考えます。二つの作品のうちどちらか一つについてクラス全体に向けて発表します。

(二) 台詞を考える際に注意してほしいポイントの説明

ここからは活動ごとに分けて授業の様子をまとめます。まず台詞を考える際のポイントを説明します。黒板にパワーポイントを投影して説明しました。ポイントは、①どんな場面かをよく考える ②登場人物の会話をよく聞く、の二点です。

以上の二点に注意させてから映像を流します。私たちは言葉を発する際、その場面に応じた言葉遣いや言葉選びをしています。「魔女の宅急便」では父と娘という親子関係の中で交わされる言葉、「となりのトトロ」ではサツキとメイの姉妹関係の中で言葉が交わされます。また出発の場面と再会の場面という正反対の場面を用い、場面と関係性によって異なった思考を辿るよう導きました。直前の登場人物たちの言葉をよく聞くことも留意させます。

㈢　映像視聴

視聴した映像の大まかな流れは以下の通りです。

○「魔女の宅急便」

1、出発の準備をするキキが、父親のラジオを持って行っても良いか母に尋ねる。
2、父親に尋ねるように促されたキキが父を呼ぶ。
3、父親がキキの部屋に入る。
4、キキが「お父さん」と呼びかける。
5、キキが「高い高いして」とねだる。
6、父親が「よおし」と声をだし、腕まくりをする。
7、父親が両手を広げ、キキを抱え上げる。
8、父親が手を上にあげ、キキをぐるぐるとまわしながら高い高いの動作をする。
9、キキは「アハハ」と笑いながら喜ぶ。
10、父親が腕を下げ、キキを抱きしめる。
11、父親「いつの間にこんなに大きくなっちゃったんだろう」

映像を止める

○「となりのトトロ」

1、メイが迷子になり、サツキがトトロにメイを探し出してくれるように涙を浮かべながら頼む。
2、トトロがネコバスを呼ぶ。
3、ネコバスがサツキをメイのいるあたりまで運ぶ。
4、闇が迫った夏の夕方の空から「メーイ」と呼ぶサツキの声が響く。
5、街はずれの地蔵のそばで一人涙を枯らしたメイが、サツキの自分を呼ぶ声に気付き、「お姉ちゃん」と大きな声で呼び返す。
6、もう一度「メーイ」と呼ぶサツキの声が聞こえる。
7、メイが空を見上げると頭上の電線にネコバスがいて、サツキが窓から顔を出している。
8、ネコバスが地上に降りてきて、サツキがネコバスから駆け降りる。
9、サツキがメイに駆け寄り、抱きしめる。

映像を止める

㈣　二人組になり台詞を考える

映像の視聴が終わったら二人組になり、台詞を考える作業に移ります。この時のポイントは、登場人物の行動と表情を思い出させることです。

「魔女の宅急便」のキキと父親のやり取りでは、まるで幼い子どもに返ったようにキキは父へ「高い高い」をねだり、父もそれに応じて「いつの間にこんなに大きくなったのか」と娘の成長に驚きます。このときの父親の感情は「驚き」だけではありません。娘に向けられた感情はどのようなものが挙げられるかをペアで意見を出し合い、それに応じる娘キキの言葉を考えます。この時のキキは前述したように子どものような無邪気さを前面に出し、大人と子どものはざまにいて、これから修行の旅に出るキキが子どもとして父親に甘えられる最後の日ともとれます。正解を探るのではなく、両者の思いを読み取ろうとし、その時に発せられるであろう感情を伝える言葉、相手に伝えたい言葉を考えます。

「となりのトトロ」では、迷子になっていた妹を見つけたサツキの思いをまず考えます。見つかって嬉しい気持ちも当然ありますが、姉として心の底から心配していたこと、家族以外の村の人々も必死になって捜索してくれたことなどにも目を向けると、それ以上の感情が浮かび上がってきます。それを幼い妹にどのような言葉で伝えるか。これが台詞を作る際の流れです。

台詞を決める際にもう一つ話し合うのが、どのような声色や表情、姿勢で発声するかということです。例としてクラス全体に挙げた質問は、「大げんかの後に会った友達に何というか」です。多かった答えは「ごめんなさい」と謝罪することです。この時の「ごめんなさい」をどのような姿勢で言うか。誠意を表すために土下座をするという答えもありましたが、友達同士で土下座はしないだろうという理由からクラスで却下されました。ではどう謝るか。人気の少ない所に来てもらい、しっかりと目を見て、自分の非を認めて謝るというのがクラスの解答です。友達同士で土下座はおかしいが、社会全体に対して謝る際や責任ある仕事でミスをして誰かに多大なる迷惑をかけた時には土下座が相応しい。「ごめんなさい」と同じ言葉を言うのでも、言い方や伝え方によって受ける印象は変わり、その時々に相応しい気持ちの伝え方があることに触れ、相応しい言い方を考えさせました。

㈤　クラス発表

続いてクラスの発表に移ります。その際に注意したのが、①気持ちを込めて音読すること②速さや声の強弱に注意すること③気持ちを込めて役になりきることです。映像を止めた箇所の直前まで数秒流し、そのあとに続けて発表をします。以下に発表例の一部を記します。

○「魔女の宅急便」例1
（父：いつの間にこんなに大きくなっちゃったんだろう。）

父：精一杯頑張っておいで。大人になったキキが立派な魔女になることを応援しているよ。

（父はキキの目をじっと見て、涙をためた目で笑いながら力強い声で言った）

キキ：お父さんありがとう。立派な魔女になれるように頑張るね。

（キキは先ほどの明るい声のまま、笑顔で父を見ながらこう言った）
○「魔女の宅急便」例2
（父：いつの間にこんなに大きくなっちゃったんだろう）

父：出発してしまってもいつもキキのことを考えているよ。

（父は娘をぎゅっと抱きしめたまま、いとおしむような声でこう言った）

キキ：うん。私もお父さんのこと大好きだよ。頑張るから安心して待っててね。
（キキは父の悲しむ気持ちを感じ取り、父への思いを素直に口にする）

例1では父親がキキへの思いを伝えるために、先ほどまで抱きしめていた手を離し、じっくりとキキに思いを伝えています。それに対し例2で父親はキキを離すことを惜しむように娘への愛情を口に出します。それを受けたキキは、「お父さんのことが大好き」「頑張るから安心して待っていてね」と心配して深い愛情を口にする父を思って、力強い言葉を述べます。これらの発表が終わった後で、実際に映像を流します。

○実際の映画の展開
（父：いつの間にこんなに大きくなっちゃったんだろう）
父：つらくなったらいつでも帰ってきていいんだよ
（抱きしめたまま、優しい口調でキキに語りかける）
キキ：戻ってなんてきませんよーだ！
（父の手をほどき、目をつむり舌を出して笑って言って見せる）

実際の映画の展開通りに答えた班はなく、予想に反する展開でした。まず父親の言葉は娘の成功を願う思いを直接伝える言葉ではなかった。「いつでも帰っておいで」という言葉は娘の無事を祈るがゆえの言葉ですが、台詞を考えるうえでこのような逆説的な言葉はなかなか考えつかなかったようです。もっと予想外なのはキキの応対です。「戻ってきませんよー」という言葉の裏には、魔女になるという夢を絶対に実現させる決意が表れています。この言葉を自ら発したことが、キキが修行の旅を続けるうえで強く生き抜く結果にもつながります。父親の娘を思う気持ちがキキの決意をより強固なものにしたのです。

○「となりのトトロ」例1
（サツキがメイに近寄り、抱きしめる）
メイ：お姉ちゃん！心配かけてごめんなさい
（メイは抱きしめられたまま、大声で鳴き声を枯らして言った）
サツキ：本当よ。無事でよかった。もう勝手にどこかへ行ったらだめだからね。
（サツキはメイを慰めるようにやさしい口調で言った）
○「となりのトトロ」例2
（サツキがメイに近寄り、抱きしめる）
サツキ：みんな心配したんだよ。見つかってよかった！
（サツキはメイの目をじっと見つめながら、喜びながら言う）
メイ：一人で怖かった。お姉ちゃん、ごめんね。
（メイはサツキの目をじっと見ることができないが、心配をかけたことを謝る）

例1でサッキは無事を喜ぶ、姉らしく注意を促しながら目をはらした妹を慰めるような口調で会話を交わします。例2でサツキはメイの目を見ながら村の人がみな心配したことを伝え、見つかったことを喜びます。それに対し幼いメイはすぐには謝ることができず、一人で過ごした恐怖を訴えながらも「ごめん」と謝罪の言葉を述べます。

○実際の映画の展開
（サツキがメイに近寄り、抱きしめる）
サツキ：ばかメイ
（抱きしめたまま、強いはっきりとした短い口調で言う）
メイ：ごめんなさい
（サツキの言葉を受け、わずかに間を置いて大きな声で謝り、泣きそうな声を出す）

実際の映画で、サツキは「ばかメイ」という言葉を発します。「ばか」という攻撃的にも聞こえる言葉ですが、この言葉の裏には無事に見つかったことに安堵する気持ちがあり、妹を憎む気持ちはみじんもありません。姉として一緒に探してくれたみなに迷惑をかけたことを思い、人に迷惑をかけるような行為をした妹に対し厳しい注意を浴びせたのです。

三　考察とまとめ

今回の実践を通して、台詞を考えた際の学習者の思考を振り返ってみると、「魔女の宅急便」で学習者が考えた父親の気持ちは、娘が旅立ってしまうことを悲しむ気持ちや娘の成長を応援する気持ちです。キキの気持ちとしては、お父さんへの感謝の気持ちやお父さんを安心させる気持ちが挙げられます。「となりのトトロ」ではメイの気持ちとして謝罪の気持ち、サツキの気持ちとして、見つかったことを喜ぶ気持ち、みんなで心配したことを伝える気持ちが挙げられます。そのような気持ちを伝えるために、直接的な言葉で伝えた学習者が多くいました。

父親に安心してほしいと思ったキキは「安心してね」や「頑張るね」との言葉で返すと考えたし、妹の無事を喜ぶサツキは「無事でよかった」と伝えると考えました。しかし実際の映画では、キキは簡単には戻ってこないと宣言していますし、サツキも妹に「ばか」という言葉で返しています。ここから分かることは言葉の裏側には思いがあることです。直接的な言葉の表現だけで伝えられるような感情ばかりではありません。今回採用した場面は、相手を抱きしめるほどの思いのあふれた場面です。そのような感情の高ぶった際に伝えようとする思いは言葉だけでは伝えきれません。これは小説などの文字テクストで読解に苦戦する箇所でもありますが、感情を素直な言葉で表現することばかりではないということに気付くことは、日常の言語生活の中で言葉を受け取る側に立った際にぜひ身に着けておいてほしいものです。

また、どのように台詞を言うのかも重要な要素です。映画の中で登場人物は自分の気持ちを適切な声色に乗せて伝えます。特に短い言葉で「ばかメイ」と言うサツキの声は、強く戒める口調でありながらメイを慰め無事を喜ぶ明るさも含みます。日常の言語生活においてスマートフォンなどを使って思いを伝えることも多い学習者たちからすると、どのように言葉を伝えるかというのは特に気を付けなければなりません。「ばか」という言葉だけを聞くと驚きますが、どんな言い方をしているのかに注目することで本当の思いが見えてきます。

本実践を通して、学習者は言葉の裏には思いがあり、言葉の意味内容とは真逆の意味を伝えることすらできることに気付きました。さらに言葉を伝えるときの伝え方によって、受ける印象が大きく変わってくることも指摘できました。このことは学習者の言語生活にも影響を与えると期待します。映画を使って授業を展開することで文字テクストを読むときとは違ったアプローチを通して言葉の意味と伝え方のもつ役割に触れることができました。

「早稲田教育ブックレット」№.22刊行に寄せて

町田　守弘

早稲田大学教育総合研究所の教育最前線講演会シリーズは、二〇〇四年十二月に第一回を開催してから毎年開催されている企画ですが、第二十九回は「教育と映画」というテーマで、二〇一九年七月二十日に開催されました。本「早稲田教育ブックレット」№.22は、この講演会の内容をもとに編まれたものです。

現代社会の中で、映像は私たちの身近なところに存在しています。特に子どもたちはいま、生まれたときから夥しい映像文化の中で育ってきました。テレビやインターネットを含めて、さまざまな映像が溢れています。タブレットやスマートフォンなども普及して、単に映像を受信するだけではなく、発信するということも日常の場面で行われる時代になりました。そうした状況の中で、今回は特に映画を取り上げました。

講演会においては、現代社会の映像文化の中で映画の位置をどのように捉えるのか、特に教育という文脈の中に映画をどう位置付けるのかという問題が追究されました。映画に関わる専門の仕事をされている方を講師にお迎えして、それぞれのお立場から話題提供をお願いしました。また参加された方々からも重要な問題が提起されて、講師とのやり取りも興味深いものでした。本ブックレットには、この講演会の雰囲気がそのまま伝わるように配慮しております。

講演会の準備段階からご協力いただいた方々、当日にご登壇いただいた方々、そして本ブックレットにご執筆いただいた方々、編集・刊行に際してお世話になった方々に、深甚なる謝意を表します。読者の皆さまには、これからも教育総合研究所のホームページ等でさまざまな企画をご確認いただいたうえで、よろしければご参加を賜ることができましたら、これに過ぎる喜びはありません。

（早稲田大学教育総合研究所　所長）

著者略歴（2020年３月現在）

上坂　保仁（うえさか　やすひと）
明星大学教育学部教育学科准教授
略歴：早稲田大学教育学部教育学科教育学専修卒業、早稲田大学大学院教育学研究科博士後期課程教育基礎学専攻単位取得退学。早稲田大学教育学部助手、富士常葉大学、常葉大学教員を経て現職。専門は教育学、教育思想、教育哲学、臨床教育人間学。

石川　知春（いしかわ　ともはる）
一般財団法人映画倫理機構　専務理事・事務局長
略歴：早稲田大学第二文学部社会専修卒業。東宝株式会社映画興行部、特定非営利活動法人映像産業振興機構事務局長、公益財団法人ユニジャパン、映画倫理委員会審査員を経て現職。

樋口　尚文（ひぐち　なおふみ）
映画監督、映画評論家
略歴：早稲田大学政治経済学部経済学科卒業。在学中に映画評論の単著を上梓、評論活動を続ける。株式会社電通に入社、ＴＶＣＭのクリエーティブ・ディレクターとして30年間ＴＶＣＭの企画制作に従事しながら、劇場用映画の監督も手がける。主な著書に「大島渚のすべて」「黒澤明の映画術」「実相寺昭雄　才気の伽藍」ほか。監督した映画に「インターミッション」「葬式の名人」。文化庁芸術祭、芸術選奨などの審査員も多数委嘱される。

笠原　奈緒子（かさはら　なおこ）
十文字中学・高等学校　国語科教諭
略歴：二〇一一年三月、早稲田大学大学院教育学研究科国語教育専攻修士課程を修了。

町田　守弘（まちだ　もりひろ）
早稲田大学教育・総合科学学術院教授　博士（教育学）
略歴：早稲田大学系属早稲田実業学校教諭・教頭を経て、現職。早稲田大学教育総合研究所所長。専門は国語教育。

佐藤　隆之（さとう　たかゆき）
早稲田大学教育・総合科学学術院教授　博士（教育学）
略歴：玉川大学教育学部教員を経て、現職。早稲田大学教育総合研究所副所長。専門は教育思想（アメリカ）。